Impressum
Verlag: BABADADA GmbH, Nedderfeld 112 , 22529 Hamburg
Geschäftsführer / Verlagsleitung: Harald Hof
Druck: Books on Demand GmbH, In de Tarpen 42, 22848 Norderstedt

Imprint
Publisher: BABADADA GmbH, Nedderfeld 112 , 22529 Hamburg, Germany
Managing Director / Publishing direction: Harald Hof
Print: Books on Demand GmbH, In de Tarpen 42, 22848 Norderstedt, Germany

iskola
de School

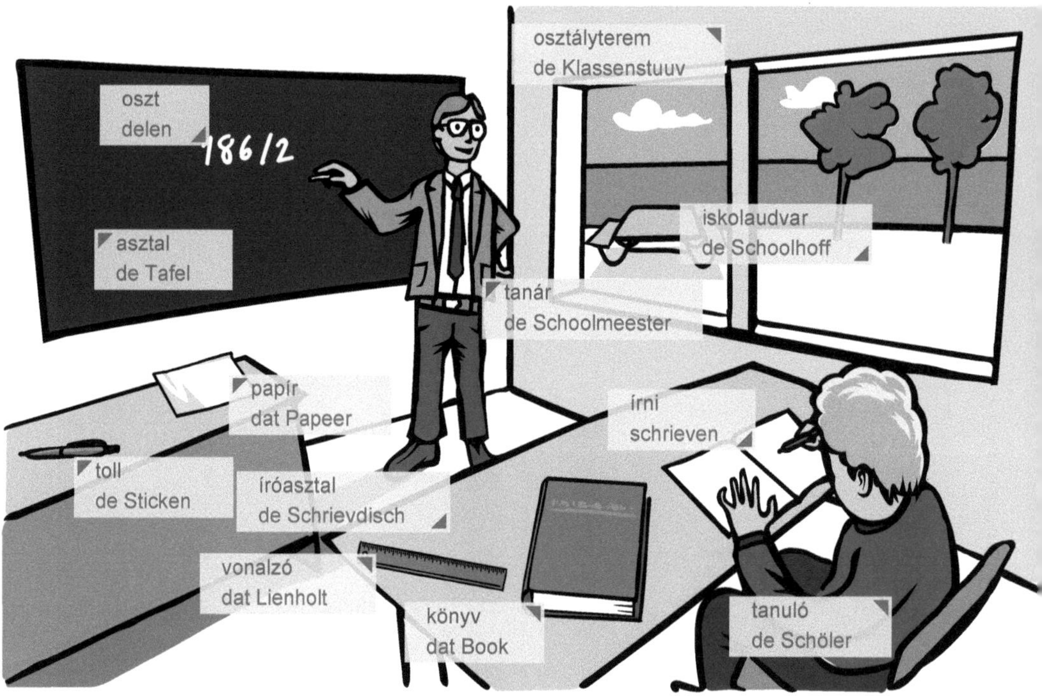

osztályterem
de Klassenstuuv
oszt
delen
186/2
asztal
de Tafel
iskolaudvar
de Schoolhoff
tanár
de Schoolmeester
papír
dat Papeer
írni
schrieven
toll
de Sticken
íróasztal
de Schrievdisch
vonalzó
dat Lienholt
könyv
dat Book
tanuló
de Schöler

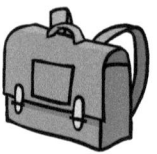

iskolatáska
de Ranzel

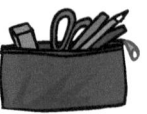

tolltartó
de Feddermapp

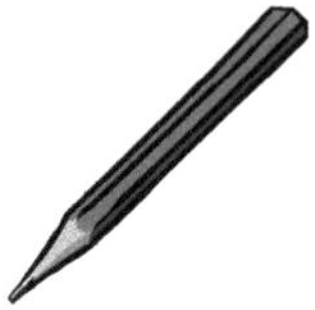

ceruza
de Bleesticken

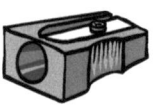

ceruzahegyező
de Scharpmaker

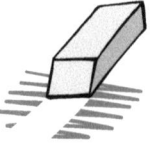

radír
dat Radeergummi

rajzfüzet
de Tekenblock

rajz
de Teken

ecset
de Pinsel

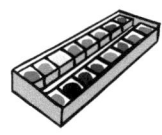

festőkészlet
de Malkassen

olló
de Scheer

ragasztó
de Klever

munkafüzet
dat Heft to'n Öven

házi feladat
de Huusopgaav

12

szám
de Tall

2+2

összead
tohooptellen

5-2

kivon
aftrecken

2×2

szoroz
malnehmen

számol
reken

A

betű
de Bookstaav

ABCDEFG HIJKLMN OPQRSTU VWXYZ

ABC
dat ABC

szó
dat Woort

szöveg

de Text

olvasni

lesen

kréta

de Kried

tanóra

de Stunn

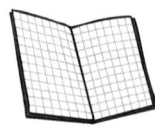

napló

dat Klassenbook

vizsga

de Pröven

bizonyítvány

dat Tüügnis

iskolai egyenruha

de Schooluniform

oktatás

de Utbillen

enciklopédia

dat Nakieksel

egyetem

de Universität

mikroszkóp

dat Mikroskop

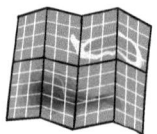

térkép

de Koort

papír-hulladék gyűjtő

de Papeerkorf

hotel
dat Hotel

Grand

szállás
de Harbarg

ROOMS

EXCHANGE

valutaváltó iroda
de Wesselstuuv

bőrönd
de Kuffer

autó
dat Auto

nyelv
de Spraak

igen/nem
jo / ne

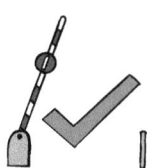

rendben
Jo

szia
Moin

fordító
de Översetter

köszönöm
Dank ok

mennyibe kerül...?

Wat kost...?

nem értem

Ik verstah nich

probléma

dat Problem

Jó estét!

Goden Avend

jó reggelt!

Moin!

jó éjszakát!

Gode Nacht!

viszontlátásra

Tschüüs

útirány

de Richt

poggyász

de Bagaasch

táska

de Tasch

hátizsák

de Rüchsack

vendég

de Gast

szoba

de Stuuv

hálózsák

de Slaapsack

sátor

dat Telt

turista információ

de Touristeninformatschoon

strand

de Strand

hitelkártya

de Kreditkoort

reggeli

dat Fröhstück

ebéd

dat Meddageten

vacsora

dat Avendeten

jegy

de Fohrkort

lift

de Fohrstohl

bélyeg

de Breefmark

határ

de Grenz

vám

de Toll

nagykövetség

de Bottschop

vízum

dat Visum

útlevél

de Pass

közlekedés
de Transport

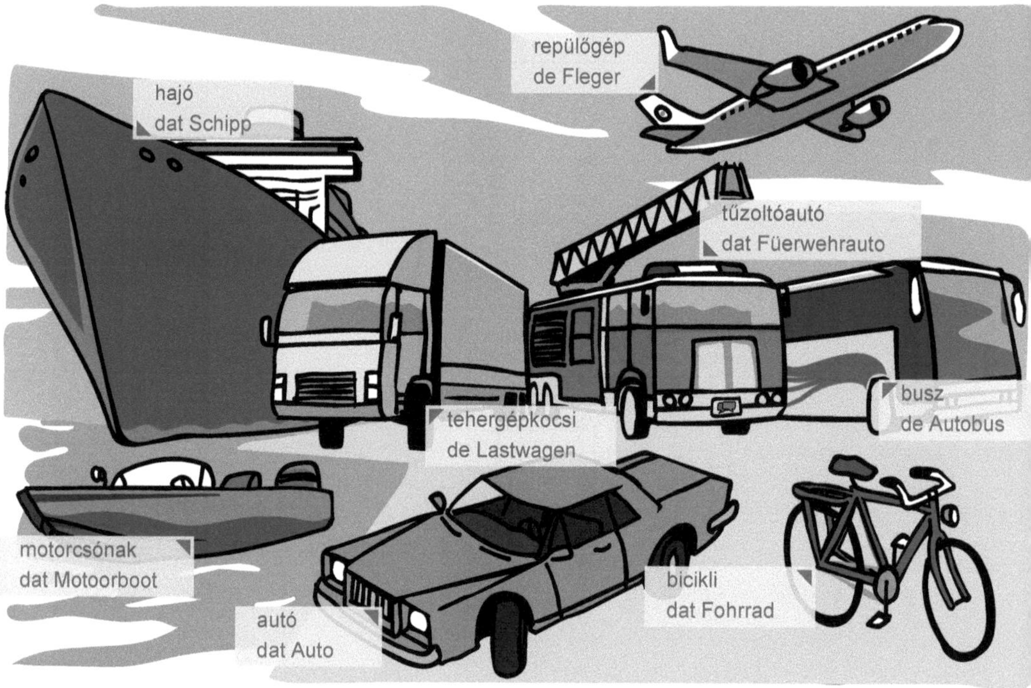

repülőgép
de Fleger

hajó
dat Schipp

tűzoltóautó
dat Füerwehrauto

tehergépkocsi
de Lastwagen

busz
de Autobus

motorcsónak
dat Motoorboot

autó
dat Auto

bicikli
dat Fohrrad

komp

de Fähr

csónak

dat Boot

motorkerékpár

dat Motoorrad

rendőrautó

dat Polizeiauto

versenyautó

dat Rönnauto

bérautó

de Lehnwagen

telekocsi

dat Carsharing

vontató

de Afsleepwagen

szemetes autó

dat Müllauto

motor

de Motoor

üzemanyag

de Kraftstoff

benzinkút

de Tanksteed

közlekedési tábla

dat Verkehrsschild

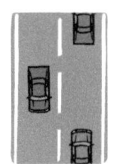

forgalom

de Verkehr

forgalmi dugó

de Stau

parkoló

de Afstellplatz

vonatállomás

de Bahnhoff

sínek

de Sporen

vonat

de Tog

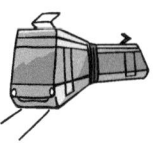

villamos

de Stratenbahn

vagon

de Wagon

helikopter

de Dwarsmöhl

repülőtér

de Flooghaven

torony

de Tower

utas

de Fohrgast

konténer

de Grootkist

kartondoboz

de Karton

taliga

de Koor

kosár

de Korf

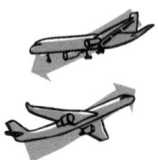

felszáll / leszáll

starten / lannen

város

de Stadt

falu

dat Dörp

városközpont

de Binnenstadt

ház

dat Huus

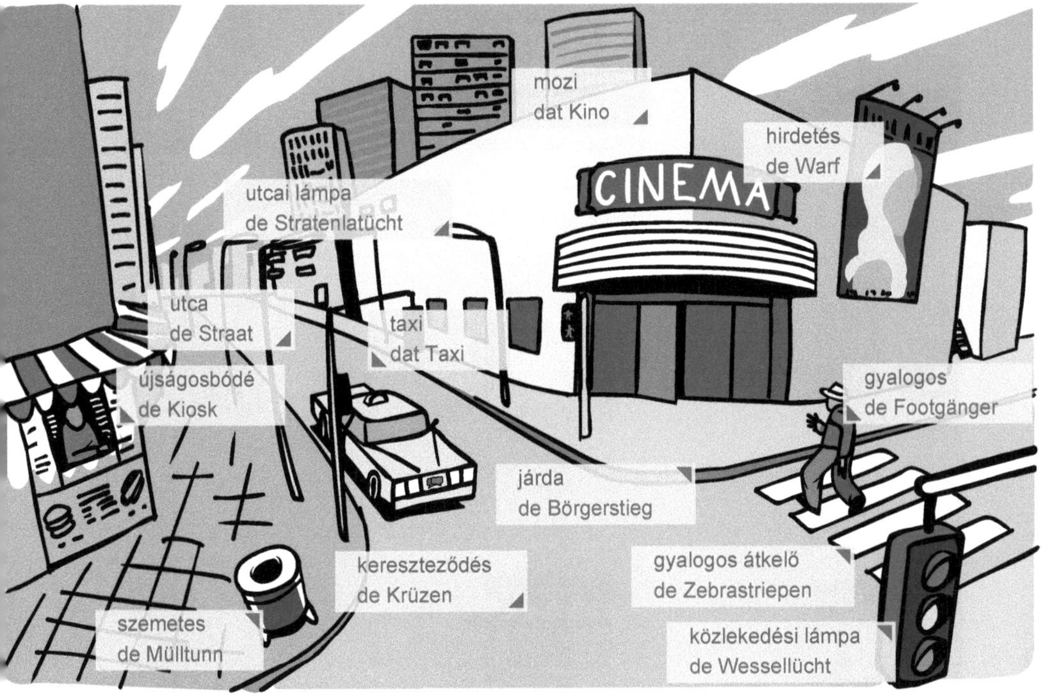

mozi
dat Kino

hirdetés
de Warf

utcai lámpa
de Stratenlatücht

CINEMA

utca
de Straat

taxi
dat Taxi

újságosbódé
de Kiosk

gyalogos
de Footgänger

járda
de Börgerstieg

keresztezödés
de Krüzen

gyalogos átkelő
de Zebrastriepen

szemetes
de Mülltunn

közlekedési lámpa
de Wessellücht

kunyhó
de Hütt

lakás
de Wahnung

vonatállomás
de Bahnhoff

városháza
dat Raathuus

múzeum
dat Museum

iskola
de School

egyetem

de Universität

bank

de Bank

kórház

dat Krankenhuus

hotel

dat Hotel

gyógyszertár

de Afteek

iroda

dat Büro

könyvesbolt

de Bookhökerie

üzlet

de Hökerie

virágüzlet

de Blomenhökerie

szupermarket

de Supermarkt

piac

de Markt

áruház

dat Koophuus

halárus

de Fischhökerie

bevásárló központ

dat Inkoopszentrum

kikötő

de Haven

park
de Parkanlaag

pad
de Bank

híd
de Brüch

lépcső
de Trepp

metró
de Ünnergrundbahn

alagút
de Tunnel

buszmegálló
de Busstoppsteed

bár
de Bar

étterem
dat Spieslokal

postaláda
de Breefkassen

utcatábla
dat Stratenschild

parkoló óra
de Parkklock

állatkert
de Deertenpark

uszoda
de Baadanstalt

mecset
de Moschee

gazdálkodás

de Buernhoff

környezetszennyezés

de Ümweltversmudden

temető

de Karkhoff

templom

de Kark

játszótér

de Speelplatz

szentély

de Tempel

táj
de Landschop

levél
dat Blatt

útjelző tábla
de Wiespahl

út
de Weg

rét
de Wisch

kő
de Steen

túrázó
de Wannerer

fa
de Boom

folyó
de Fluss

fű
dat Gras

virág
de Bloom

völgy
dat Daal

domb
de Barg

tó
de See

erdő
dat Holt

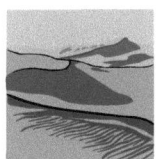

sivatag
de Wööst

vulkán
de Füerspien Barg

kastély
dat Slott

szivárvány
de Regenbagen

gomba
de Poggenstohl

pálmafa
de Palm

szúnyog
de Steekmück

légy
de Fleeg

hangya
de Miegeemk

méhecske
de Imm

pók
de Spinn

bogár

de Sebber

béka

de Pogg

mókus

de Katteker

sündisznó

de Swienegel

nyúl

de Haas

bagoly

de Uul

madár

de Vagel

hattyú

de Swaan

vaddisznó

dat Wildswien

szarvas

de Hirsch

rénszarvas

de Elk

gát

de Staudamm

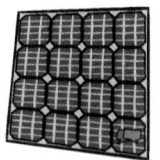

szélturbina

dat Windrad

napelem

dat Solarmodul

éghajlat

dat Klima

étterem
dat Spieslokal

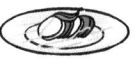

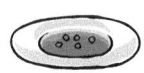

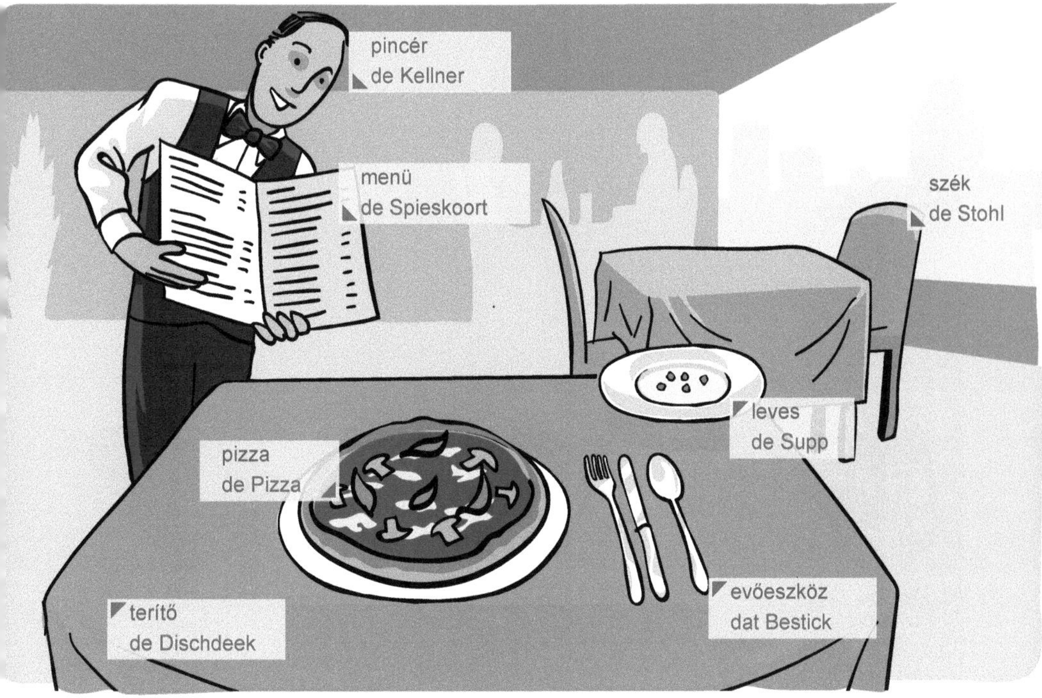

pincér
de Kellner
menü
de Spieskoort
szék
de Stohl
leves
de Supp
pizza
de Pizza
evőeszköz
dat Bestick
terítő
de Dischdeek

előétel
....
de Vörspies

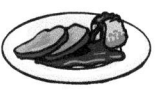

főétel
....
dat Haupteten

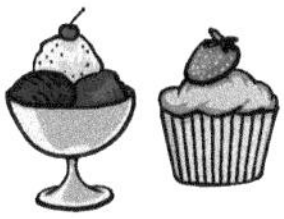

desszert
....
de Nadisch

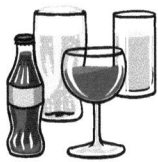

italok
....
de Drünk

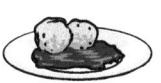

étel
....
dat Eten

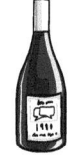

üveg
....
de Buddel

gyorsétel

dat Fastfood

gyorsétel

dat Strateneten

teás kanna

de Teekann

cukortartó

de Zuckerdoos

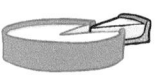

adag

de Portschoon

eszpresszógép

de Espressomaschien

bárszék

de Hoochstohl

számla

de Reken

tálca

dat Tablett

kés

dat Mess

villa

de Gavel

kanál

de Lepel

teáskanál

de Teelepel

szalvéta

dat Munddook

pohár

dat Glas

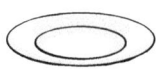

tányér

de Töller

leveses tányér

de Suppentöller

csészealj

de Ünnertass

szósz

de Sooß

sószóró

de Soltstreuer

borsőrlő

de Pepermöhl

ecet

de Etig

étkezési olaj

dat Ööl

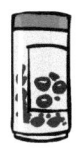

fűszerek

de Krüder

ketchup

de Ketchup

mustár

de Mostrich

majonéz

de Mayonnaise

szupermarket
de Supermarkt

különleges ajánlat
dat Anbott
FOR
ügyfél
de Kunn
tejtermék
de Melkprodukten
gyümölcsök
dat Aaft
bevásárló kocsi
de Inkoopswagen

BUTCHERS

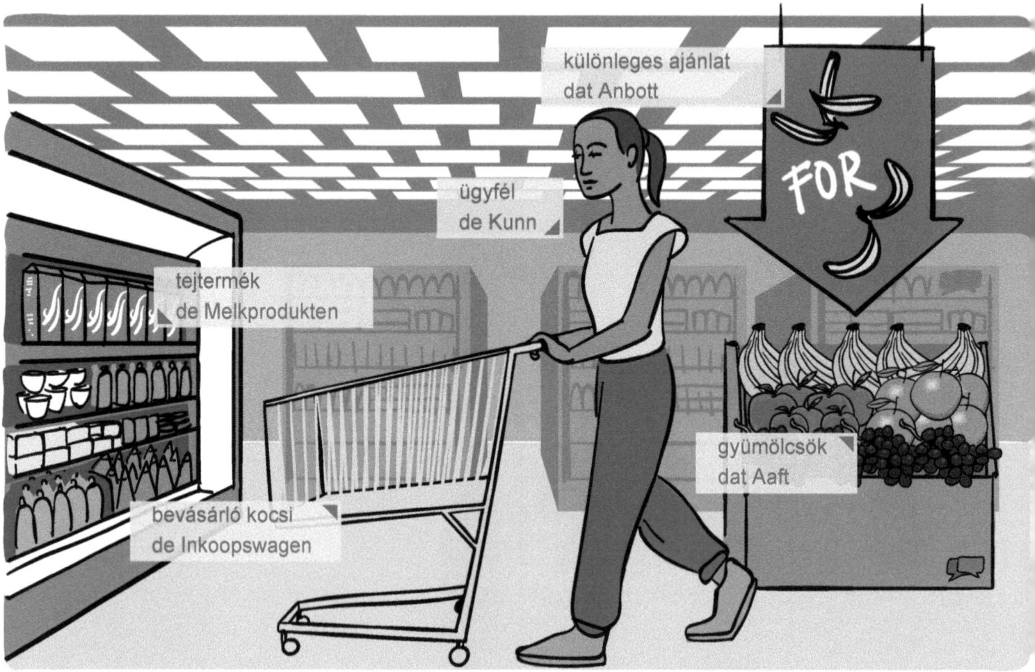

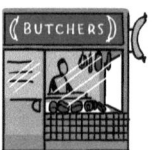

hentes
de Slachterie

BAKERY

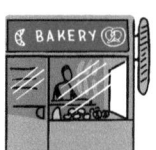

pékség
de Bäckerie

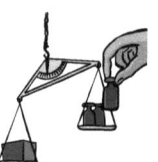

nyom valamennyit
wegen

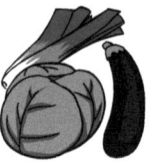

zöldség
de Gröönsaken

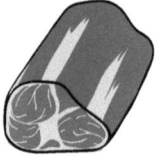

hús
dat Fleesch

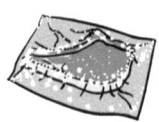

fagyasztott áru
de Deepköhlkost

felvágott

de Opsnitt

konzerv

de Konserven

mosópor

de Waschmiddel

édességek

de Snoopkraam

háztartási termék

de Huushooltssaken

tisztítószerek

de Reinmaaktüüch

eladó

de Verköpersche

pénztárgép

de Kass

eladó

de Kasserer

bevásárló lista

de Inkoopslist

nyitva tartás

de Opsparrtieden

levéltárca

de Breeftasch

hitelkártya

de Kreditkoort

zacskó

de Tasch

műanyag zacskó

de Plastiktüüt

víz

dat Water

gyümölcslé

de Saft

tej

de Melk

kóla

de Cola

bor

de Wien

sör

dat Beer

alkohol

de Spriet

kakaó

de Kakao

tea

de Tee

kávé

de Koffie

eszpresszó

de Espresso

kapucsínó

de Cappucino

banán

de Banaan

alma

de Appel

narancs

de Appelsien

sárgadinnye

de Meloon

citrom

de Zitroon

sárgarépa

de Wöttel

fokhagyma

de Knuuvlook

bambusz

de Bambus

hagyma

de Zibbel

gomba

de Poggenstohl

magvak

de Nööt

nokedli

de Nudeln

spagetti

de Spaghetti

rizs

de Ries

saláta

de Salat

sült krumpli

de Pommes frites

sült burgonya

de Braadkantüffeln

pizza

de Pizza

hamburger

de Hamborger

szendvics

dat Sandwich

hússzelet

dat Snitzel

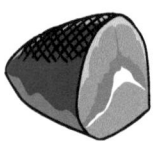

sonka

de Schinken

szalámi

de Salami

kolbász

de Wust

csirke

dat Hohn

pecsenye

de Braden

hal

de Fisch

zabkása

de Haverflocken

müzli

dat Müsli

kukoricapehely

de Cornflakes

liszt

dat Mehl

croissant

de Croissant

zsemle

dat Rundstück

kenyér

dat Broot

pirítós kenyér

dat Toast

keksz

de Keksen

vaj

de Botter

túró

de Quark

sütemény

de Koken

tojás

dat Ei

tükörtojás

dat Spegelei

sajt

de Kees

jégkrém

de Ies

cukor

de Zucker

méz

de Honnig

lekvár

de Marmelaad

mogyorókrém

de Nougat-Creme

curry

dat Curry

gazdálkodás
de Buernhoff

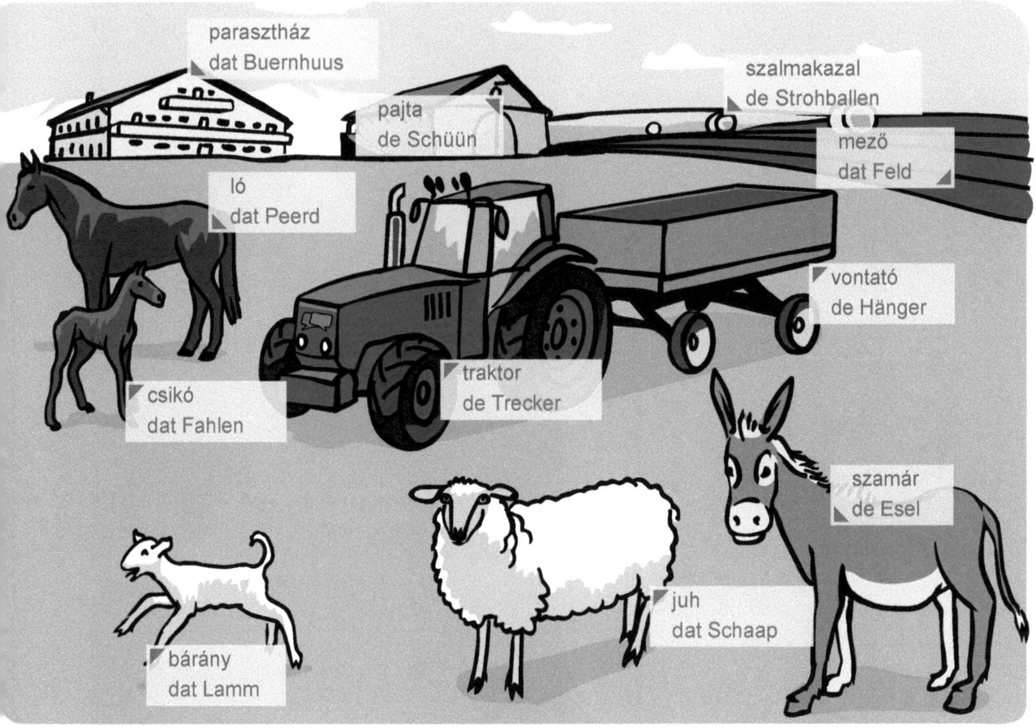

parasztház
dat Buernhuus
pajta
de Schüün
szalmakazal
de Strohballen
mező
dat Feld
ló
dat Peerd
vontató
de Hänger
csikó
dat Fahlen
traktor
de Trecker
szamár
de Esel
juh
dat Schaap
bárány
dat Lamm

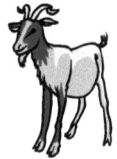

kecske
de Zeeg

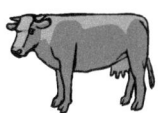

tehén
de Koh

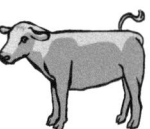

borjú
dat Kalf

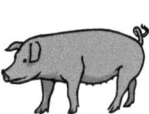

malac
dat Swien

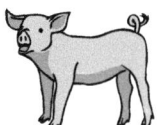

kismalac
dat Farken

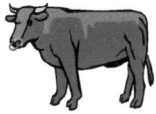

bika
de Bull

liba
de Goos

kacsa
de Aant

csibe
dat Küken

tojó
dat Hohn

kakas
de Hahn

patkány
de Rott

macska
de Katt

egér
de Muus

ökör
de Oss

kutya
de Hund

kutyaház
de Hunnenhütt

kerti öntözőcső
de Goornslauch

öntözőkanna
de Geetkann

kasza
de Lee

eke
de Ploog

sarló

de Sich

kapa

de Hack

vasvilla

de Mestfork

fejsze

de Ext

talicska

de Schuufkoor

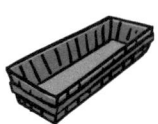

teknő

de Trog

tejes kancsó

de Melkkann

zsák

de Sack

kerítés

de Tuun

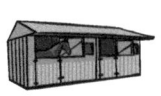

istálló

de Stall

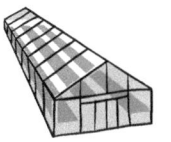

üvegház

dat Drievhuus

talaj

de Bodden

vetőmag

de Saat

trágya

de Dünger

cséplőgép

de Meihdöscher

szüretelni

oornen

betakarítás

de Oorn

yamgyökér

de Yamswöttel

búza

de Weten

szója

dat Soja

burgonya

de Kantüffel

kukorica

de Törksche Weten

repcemag

de Rapp

gyümölcsfa

de Aaftboom

manióka

de Troopsch Kantüffel

gabona

dat Koorn

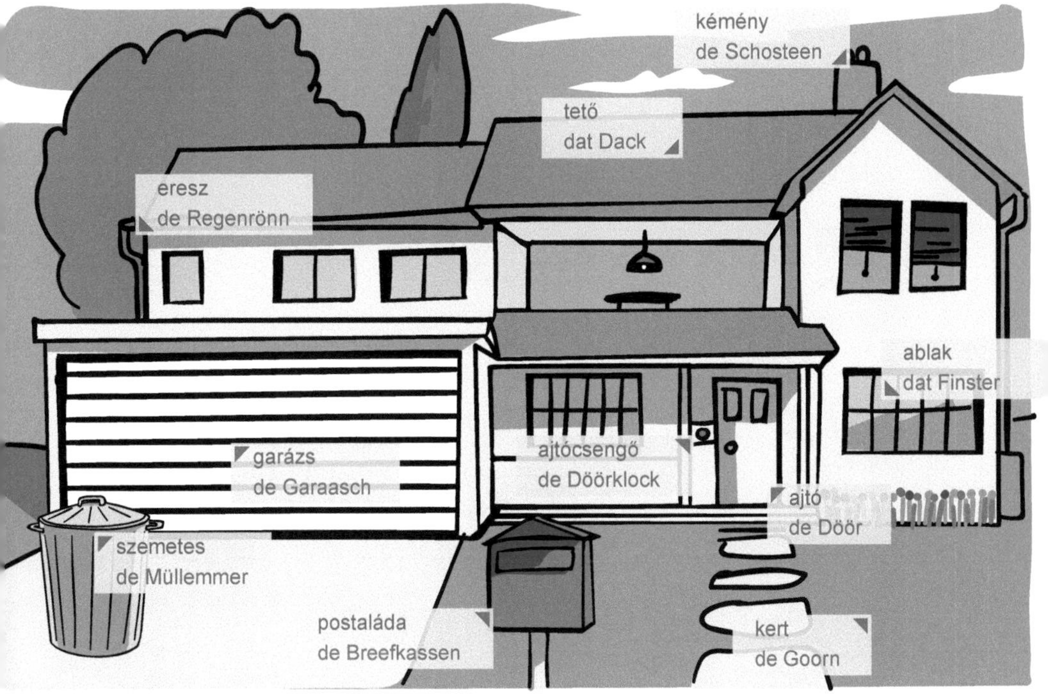

kémény
de Schosteen

tető
dat Dack

eresz
de Regenrönn

ablak
dat Finster

garázs
de Garaasch

ajtócsengő
de Döörklock

ajtó
de Döör

szemetes
de Müllemmer

postaláda
de Breefkassen

kert
de Goorn

nappali

de Wahnstuuv

fürdőszoba

de Baadstuuv

konyha

de Köök

hálószoba

de Slaapstuuv

gyerekszoba

de Kinnerstuuv

ebédlő

de Eetstuuv

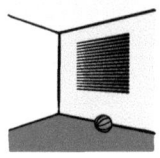

padló

de Footbodden

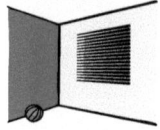

fal

de Wand

plafon

de Deek

pince

de Keller

szauna

dat Hittluftbad

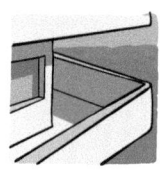

erkély

de Balkon

terasz

de Terrass

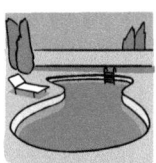

medence

dat Swümmbad

fűnyíró

de Rasenmeiher

lepedő

de Bettbetog

ágytakaró

de Bettdeek

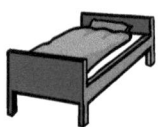

ágy

de Puuch

seprű

de Bessen

vödör

de Emmer

kapcsoló

de Schalter

nappali
de Wahnstuuv

tapéta
de Tapeet
kép
dat Bild
lámpa
de Lamp
polc
dat Regal
szekrény
dat Schapp
televízió
de Kiekkassen
kandalló
de Kamin
virág
de Bloom
párna
dat Küssen
kanapé
dat Sofa
váza
de Vaas
távirányító
de Feernbedenen

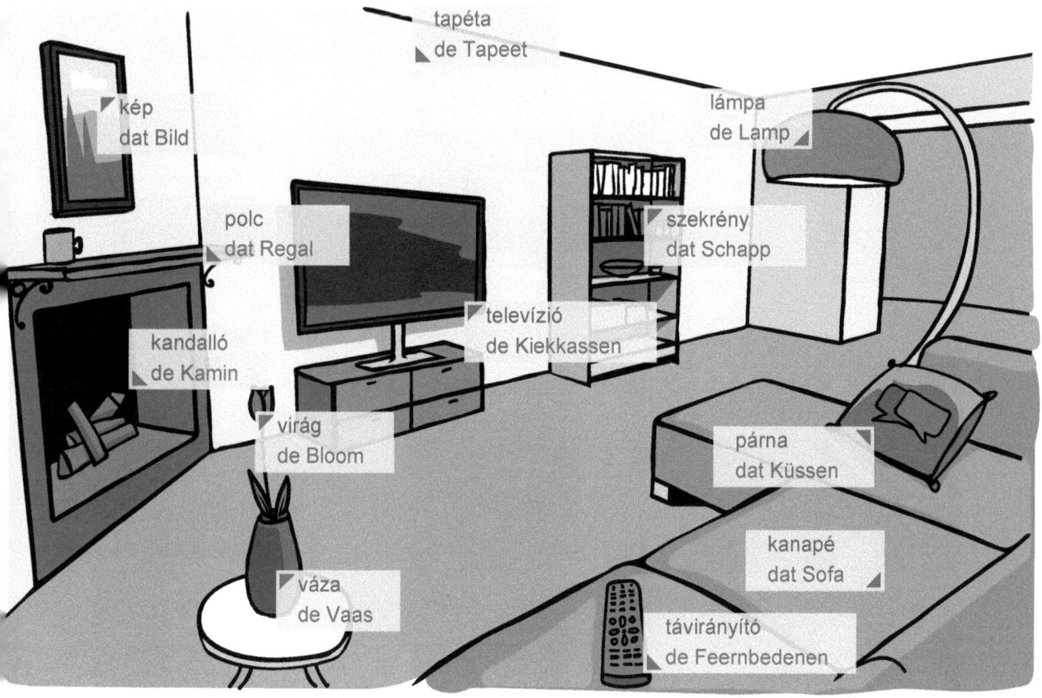

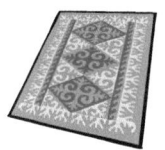

szőnyeg

de Teppich

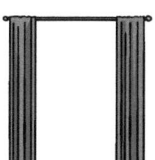

függöny

de Vörhang

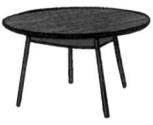

asztal

de Disch

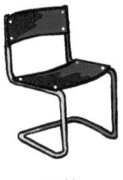

szék

de Stohl

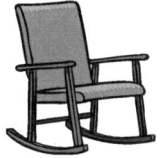

hintaszék

de Schuckelstohl

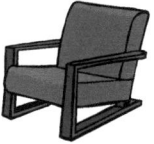

karosszék

de Sessel

könyv

dat Book

takaró

de Deek

dekoráció

de Dekoratschoon

tűzifa

dat Füerholt

film

de Film

hifi

de Stereoanlaag

kulcs

de Slötel

újság

dat Narichtenblatt

festmény

dat Gemälde

poszter

dat Poster

rádió

dat Radio

jegyzetfüzet

de Opschrievblock

porszívó

de Huulbessen

kaktusz

de Kaktus

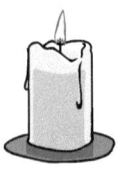

gyertya

de Kars

konyha
de Köök

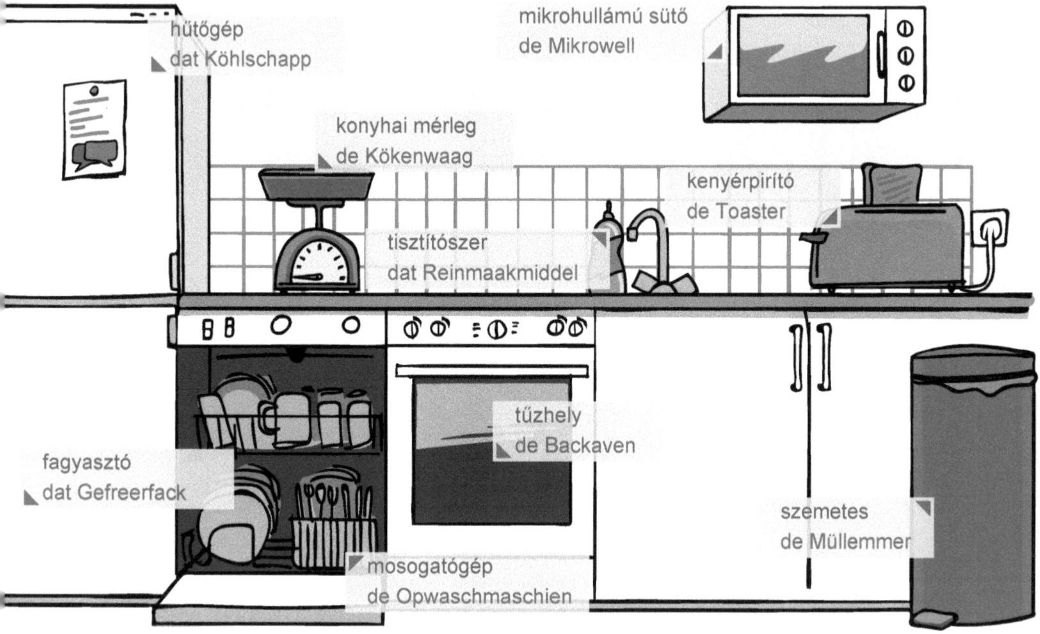
hűtőgép
dat Köhlschapp
mikrohullámú sütő
de Mikrowell
konyhai mérleg
de Kökenwaag
kenyérpirító
de Toaster
tisztítószer
dat Reinmaakmiddel
tűzhely
de Backaven
fagyasztó
dat Gefreerfack
szemetes
de Müllemmer
mosogatógép
de Opwaschmaschien

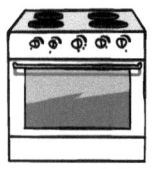

tűzhely

de Heerd

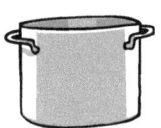

edény

de Pott

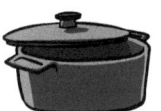

vasfazék

de Gussiesern Putt

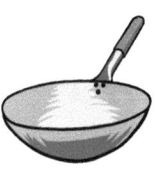

wok / kadai

de Wok / Kadai

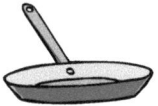

serpenyő

de Pann

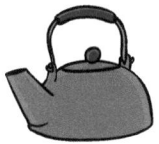

vízforraló

de Waterkaker

páró ló

de Dampkaakputt

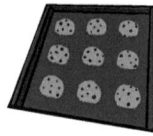

tepsi

dat Backblick

étkészlet

dat Geschirr

bögre

de Beker

tálka

de Schaal

evőpálcika

de Eetsticken

merőkanál

de Suppenkell

keverőlapátka

de Pannenwenner

habverő

de Sneebessen

szűrő

dat Kaakseef

szita

dat Seef

reszelő

de Riev

mozsár

de Mörser

grillsütő

de Grill

kandalló

de Füerstell

vágódeszka

dat Sniedbrett

sodrófa

dat Nudelholt

dugóhúzó

de Proppentrecker

doboz

de Doos

konzervnyitó

de Dosenaapner

edényfogó

de Pottlappen

mosogató

dat Waschbecken

kefe

de Böst

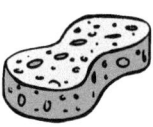

szivacs

de Swamm

turmixgép

de Mixer

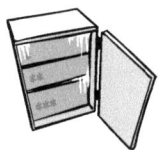

mélyhűtő

dat Iesschapp

cumisüveg

de Nuckelbuddel

csap

de Waterhahn

fürdőszoba
de Baadstuuv

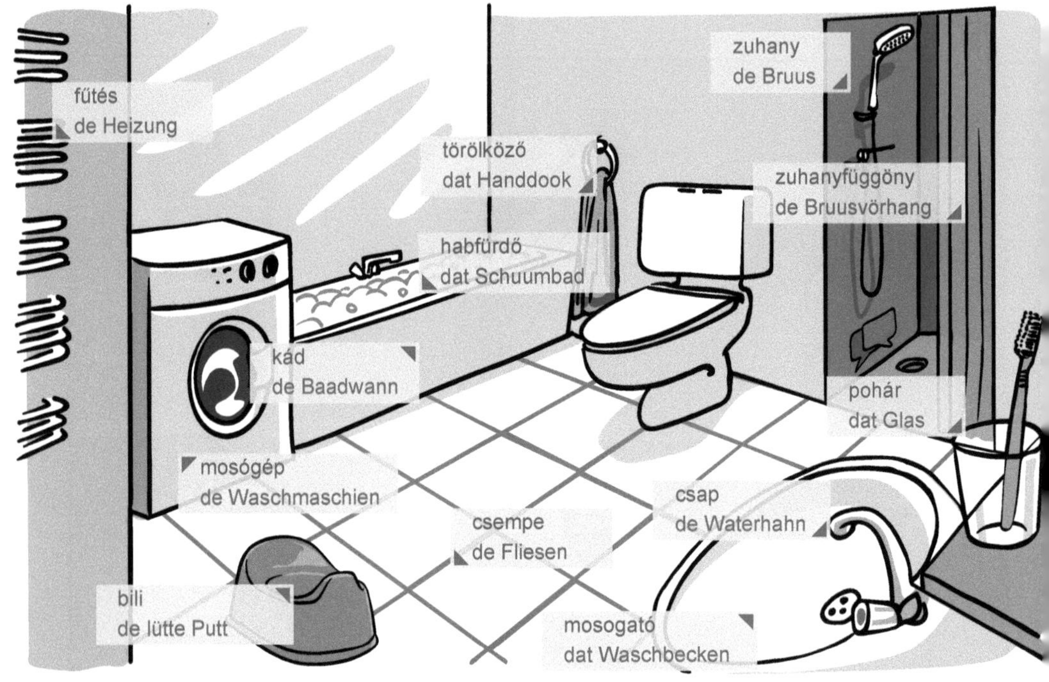

fűtés
de Heizung
zuhany
de Bruus
törölköző
dat Handdook
zuhanyfüggöny
de Bruusvörhang
habfürdő
dat Schuumbad
kád
de Baadwann
pohár
dat Glas
mosógép
de Waschmaschien
csap
de Waterhahn
csempe
de Fliesen
bili
de lütte Putt
mosogató
dat Waschbecken

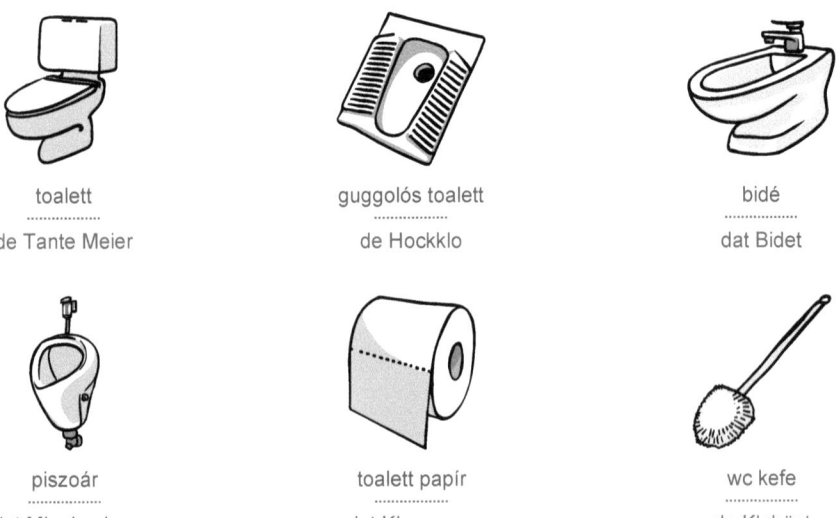

toalett

de Tante Meier

guggolós toalett

de Hockklo

bidé

dat Bidet

piszoár

dat Miegbecken

toalett papír

dat Klopapeer

wc kefe

de Kloböst

fogkefe

de Tähnböst

fogkrém

de Tähnpast

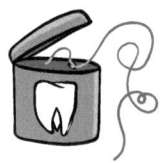

fogselyem

de Tähnsied

mosni

waschen

kézi zuhany

de Handbruus

intimzuhany

de Intimbruus

mosdótál

de Waschschöttel

hátmosó kefe

de Rüchböst

szappan

de Seep

tusfürdő

dat Bruusgeel

sampon

dat Hoorwaschmiddel

mosdókesztyű

de Waschlappen

lefolyó

de Afloop

krém

de Creme

dezodor

dat Deodorant

tükör
de Spegel

kézitükör
de Kosmetikspegel

borotva
de Raserer

borotvahab
de Raseerschuum

borotválkozás utáni
arcszesz
dat Raseerwater

fésű
de Kamm

hajkefe
de Böst

hajszárító
de Hoordröger

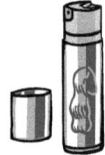

hajlakk
dat Hoorspray

smink
de Smink

ajakrúzs
de Lippensticken

körömlakk
de Nagellack

vatta
de Watt

körömvágó olló
de Nagelscheer

parfüm
dat Rüükwater

neszesszer

de Kulturbüdel

sámli

de Schemel

mérleg

de Waag

köntös

de Baadmantel

gumikesztyű

de Gummihanschen

tampon

de Tampon

egészségügyi betét

de Damenbinn

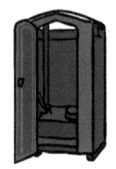

vegyi WC

dat Chemieklo

gyerekszoba
de Kinnerstuuv

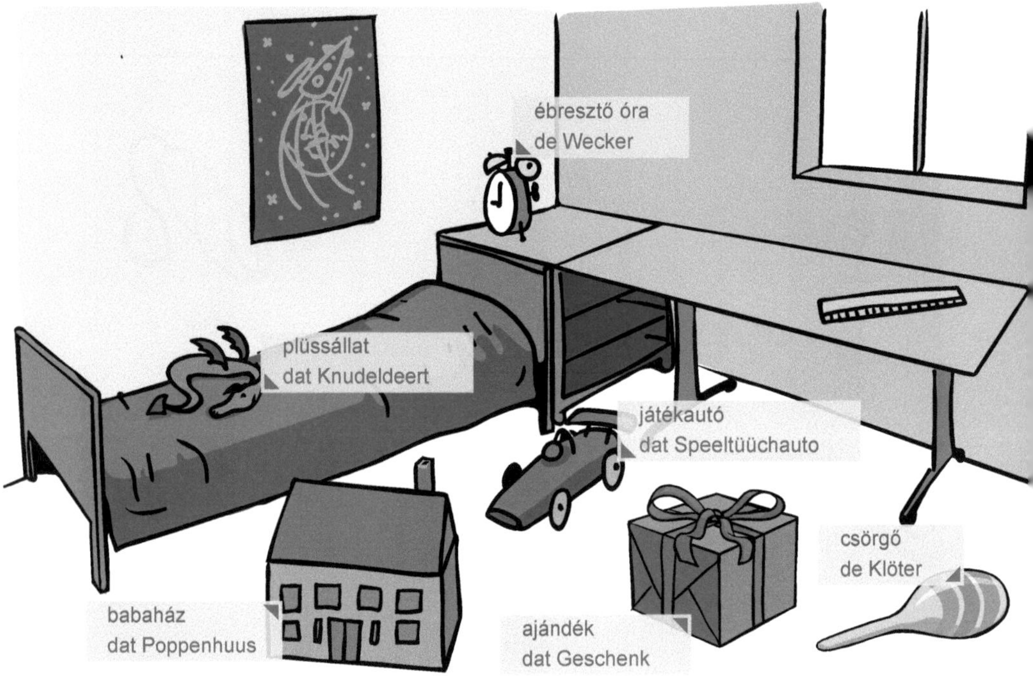

ébresztő óra
de Wecker

plüssállat
dat Knudeldeert

játékautó
dat Speeltüüchauto

babaház
dat Poppenhuus

ajándék
dat Geschenk

csörgő
de Klöter

lufi
....
de Luftballon

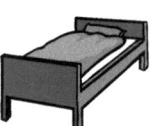

ágy
....
de Puuch

babakocsi
....
de Kinnerwagen

kártyapakli
....
dat Koortenspeel

kirakós játék
....
dat Puzzle

képregény
....
de Billergeschicht

építőkockák

de Legostenen

építőelem

de Bustenen

szuperhős

de Action-Figur

rugdalózó

de Strampelantog

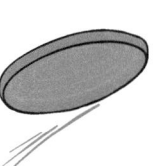

frizbi

de Frisbeeschiev

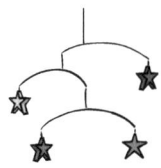

zenélő forgó

dat Mobile

társasjáték

dat Brettspeel

kocka

de Wörpel

modellvasút

de Modelliesenbahn

cumi

de Snuller

zsúr

de Party

képeskönyv

dat Billerbook

labda

de Ball

baba

de Popp

játszani

spelen

homokozó

de Sandkassen

hinta

de Schuckel

játékok

dat Speeltüüch

videójáték konzol

de Speelkonsool

tricikli

dat Dreerad

teddi maci

de Teddyboor

ruhásszekrény

dat Klederschapp

ruházat
dat Tüüch

zokni

de Socken

harisnya

de Strümp

harisnyanadrág

de Strumpbüx

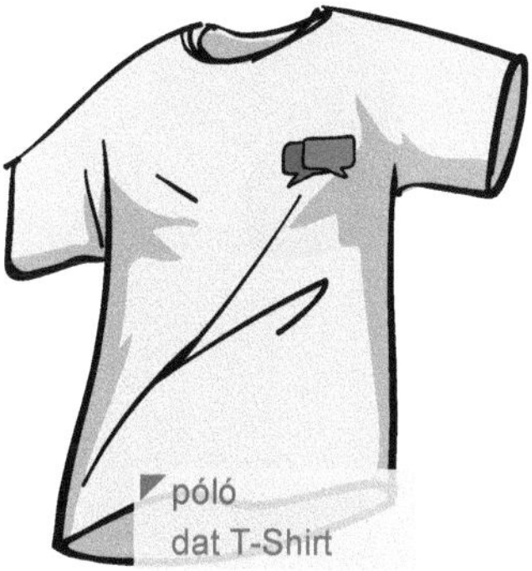

sál
dat Halsdook

öv
de Liefreem

esernyő
de Paraplü

póló
dat T-Shirt

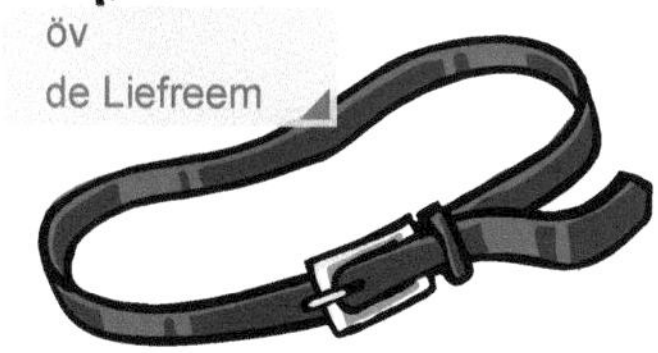

csizma
de Stevel

papucs
de Puuschen

tornacipő
de Turnschoh

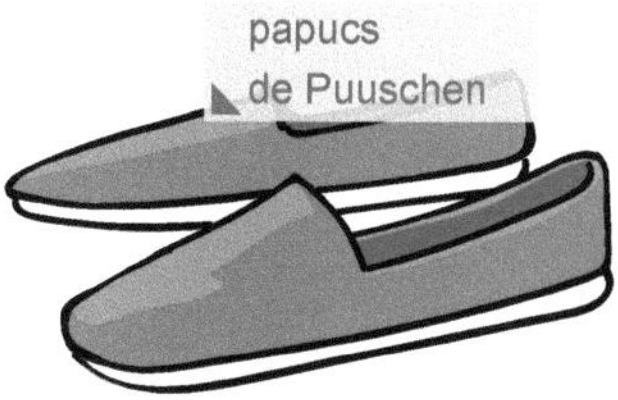

szandál
de Sandalen

cipő
de Schoh

gumicsizma
de Gummistevel

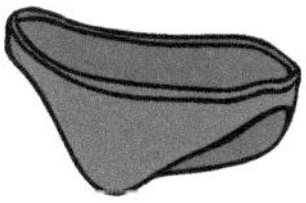

alsónadrág
de Ünnerbüx

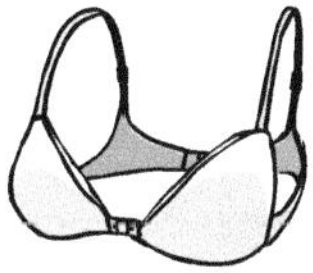

melltartó
de Bostholler

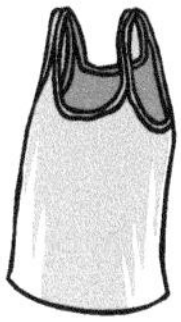

mellény
dat Ünnerhemd

body
de Lief

nadrág
de Büx

farmer
de Jeansnüx

szoknya
de Rock

blúz
de Bluus

ing
dat Hemd

pulóver
de Pullover

kapucnis pulóver
de Kapuzenpullover

blézer
de Blazer

dzseki
de Jack

kabát
de Mantel

esőkabát
de Övertrecker

kosztüm
dat Kostüm

ruha
dat Kleed

esküvői ruha
dat Hochtietskleed

öltöny

de Antog

hálóing

dat Nachtkleed

pizsama

de Slaapantog

szári

de Sari

fejkendő

dat Koppdook

turbán

de Turban

burka

de Burka

kaftán

de Kaftan

abaya

de Abaya

fürdőruha

de Baadantog

fürdőnadrág

de Baadbüx

rövidnadrág

de Korte Büx

tréningruha

de Antog to'n Öven

kötény

de Schört

kesztyű

de Handschoh

gomb

de Knopp

szemüveg

de Brill

karkötő

dat Armband

nyaklánc

de Halskeed

gyűrű

de Ring

fülbevaló

de Ohrbummel

sapka

de Mütz

vállfa

de Klederbögel

kalap

de Hoot

nyakkendő

de Binner

cipzár

de Rietslüter

bukósisak

de Helm

nadrágtartó

dat Drachtband

iskolai egyenruha

de Schooluniform

egyenruha

de Uniform

előke

de Severböten

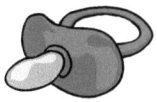

cumi

de Snuller

pelenka

de Winnel

iroda

dat Büro

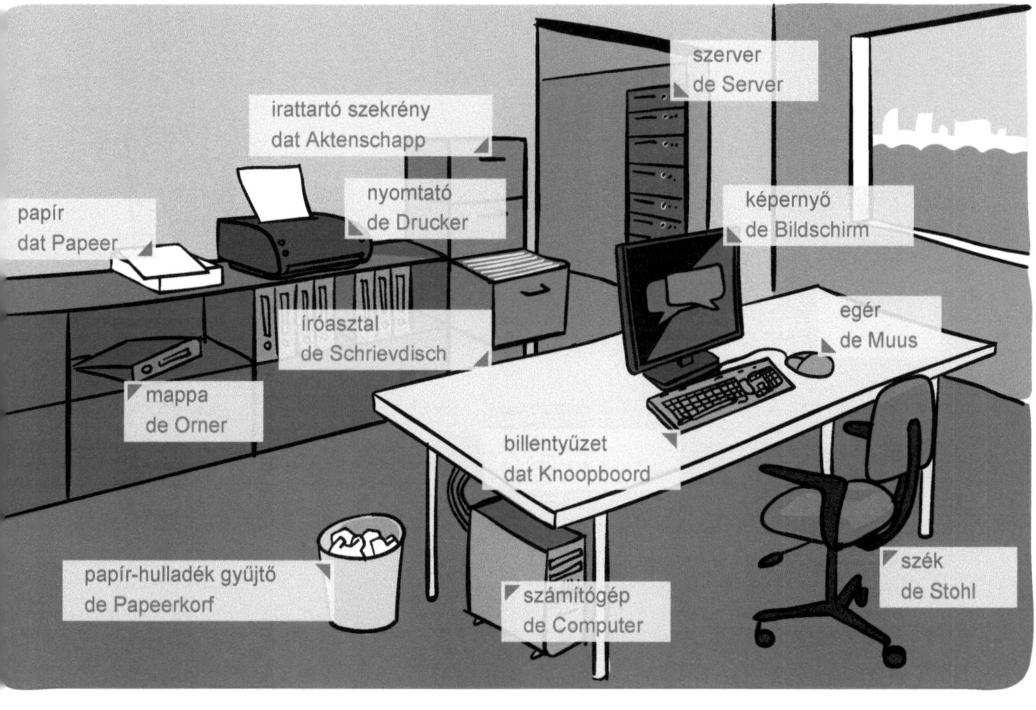

szerver
de Server

irattartó szekrény
dat Aktenschapp

nyomtató
de Drucker

képernyő
de Bildschirm

papír
dat Papeer

íróasztal
de Schrievdisch

egér
de Muus

mappa
de Orner

billentyűzet
dat Knoopboord

papír-hulladék gyüjtő
de Papeerkorf

szék
de Stohl

számítógép
de Computer

kávéscsésze

de Koffiebeker

számológép

de Taschenreekner

internet

dat Internet

laptop

de Klappreekner

levél

de Breef

üzenet

de Naricht

mobiltelefon

de Ackersnacker

hálózat

dat Nettwark

fénymásoló

de Kopeerapparat

szoftver

de Software

telefon

de Klöönkassen

konnektor

de Steekdoos

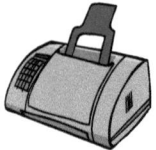

faxgép

de Faxapparat

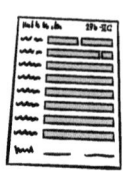

formanyomtatvány

dat Formulor

dokumentum

dat Dokument

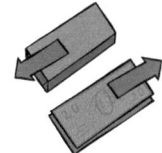

venni
köpen

fizetni
betahlen

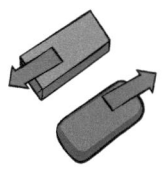

kereskedni
hanneln

pénz
dat Geld

dollár
de Dollar

euró
de Euro

jen
de Yen

rubel
de Ruvel

svájci frank
de Swiezer Franken

kínai jüan
de Renminbi Yuan

rúpia
de Rupie

bankautomata
de Geldautomat

valutaváltó iroda

de Wesselstuuv

arany

dat Gold

ezüst

dat Sülver

olaj

dat Ööl

energia

de Energie

ár

de Pries

szerződés

de Verdrag

adó

de Stüer

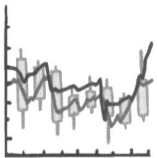

részvény

de Andeelschien

dolgozni

arbeiden

munkavállaló

de Anstellte

munkaadó

de Arbeitgever

gyár

de Fabrik

üzlet

de Hökerie

foglalkozások
de Profeschonen

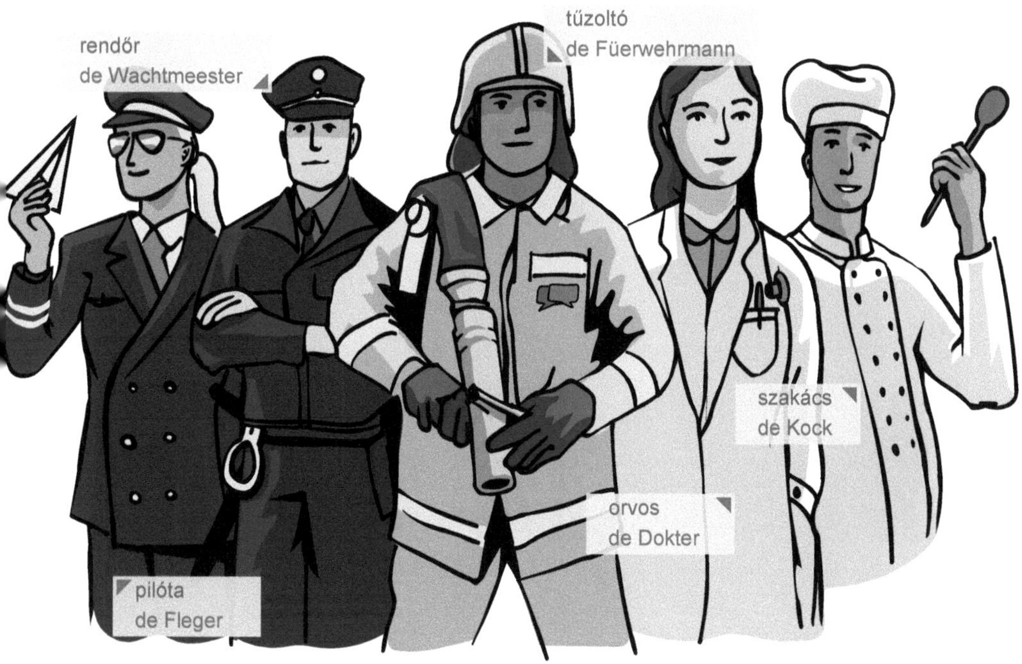
rendőr
de Wachtmeester
tűzoltó
de Füerwehrmann
szakács
de Kock
orvos
de Dokter
pilóta
de Fleger

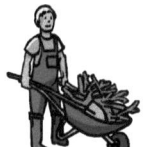

kertész

de Goorner

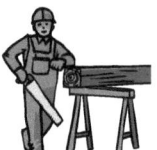

kárpitos

de Discher

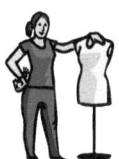

varrónő

de Neihersche

bíró

de Richter

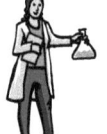

vegyész

de Chemiker

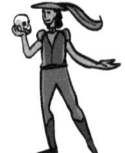

színész

de Schauspeler

buszsofőr

de Busfohrer

taxisofőr

de Taxifohrer

halász

de Fischer

bejárónő

de Reinmaakfru

tetőfedő

de Dackdecker

pincér

de Kellner

vadász

de Jäger

festő

de Maler

pék

de Bäcker

villanyszerelő

de Elektriker

építőmunkás

de Buarbeider

mérnök

de Ingenieur

hentes

de Slachter

vízvezeték-szerelő

de Klempner

postás

de Postbüdel

katona

de Suldat

építész

de Architekt

eladó

de Kasserer

virágos

de Florist

fodrász

de Putzbüdel

kalauz

de Schaffner

műszerész

de Mechaniker

kapitány

de Kaptein

fogorvos

de Tähndokter

tudós

de Wetenschopler

rabbi

de Rabbi

imám

de Imam

szerzetes

de Mönk

lelkész

de Paap

szerszámok
dat Warktüüch

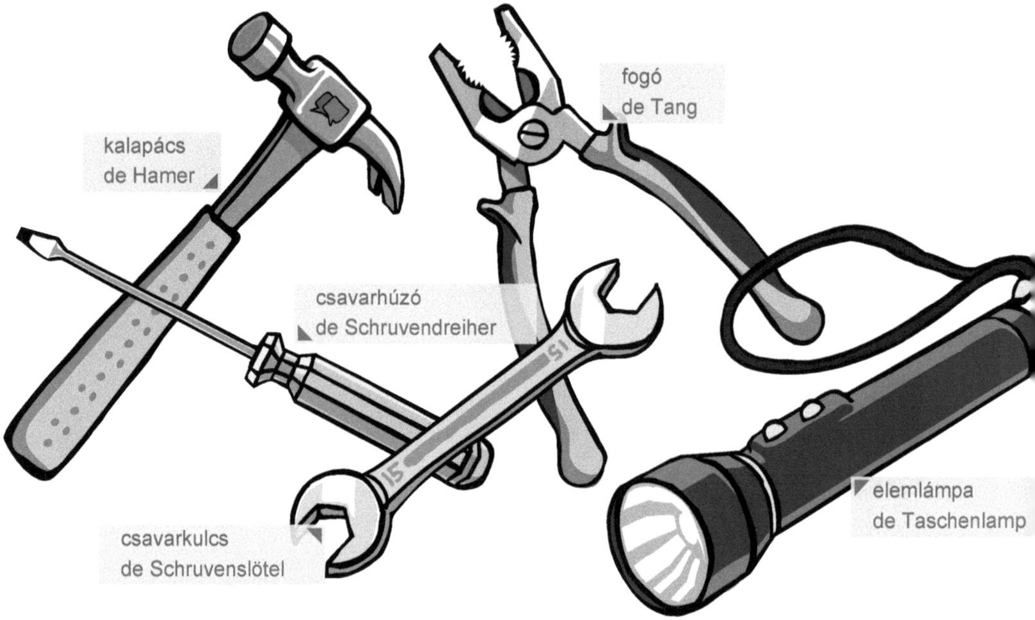

fogó
de Tang
kalapács
de Hamer
csavarhúzó
de Schruvendreiher
elemlámpa
de Taschenlamp
csavarkulcs
de Schruvenslötel

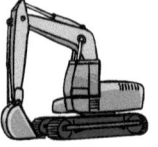

markológép

de Grieper

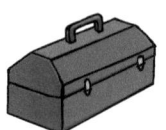

szerszámosláda

de Warktüüchkassen

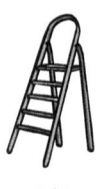

vödör

de Ledder

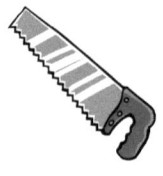

fűrész

de Saag

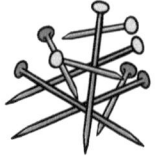

szög

de Nagels

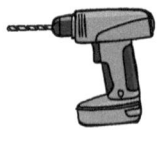

fúrógép

de Bohrer

megjavítani

heelmaken

lapát

de Schüffel

A francba!

Schiet!

szemétlapát

dat Kehrblick

festékesdoboz

de Farvpott

csavar

de Schruven

hangszerek
de Musikinstrumenten

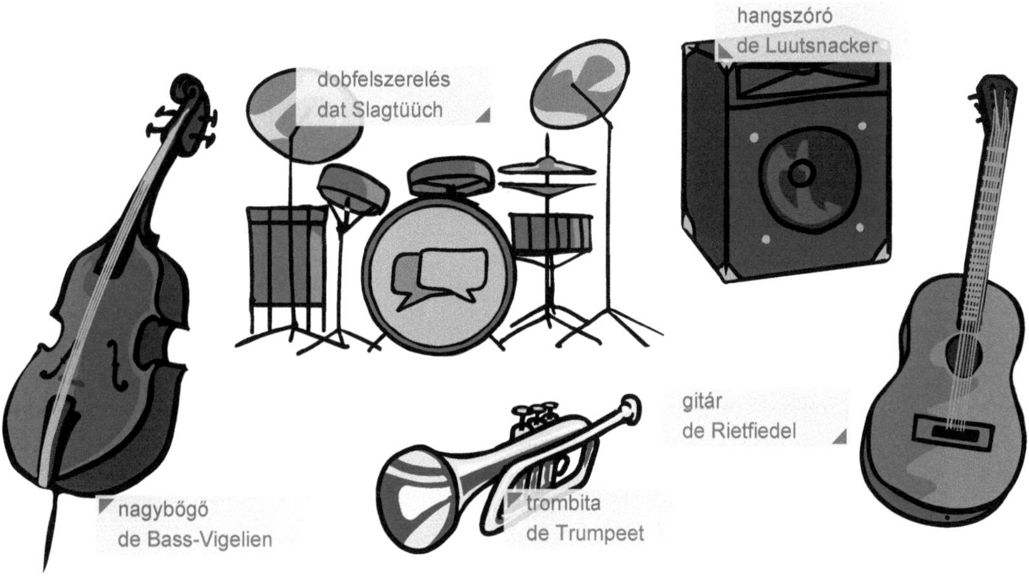

hangszóró
de Luutsnacker

dobfelszerelés
dat Slagtüüch

nagybőgő
de Bass-Vigelien

trombita
de Trumpeet

gitár
de Rietfiedel

zongora

dat Klaveer

hegedű

de Vigelien

basszusgitár

de Bass

üstdob

de Pauk

dobok

de Trummeln

digitális zongora

dat Keyboard

szaxofon

dat Saxophon

fuvola

de Fleut

mikrofon

dat Mikrofoon

hangszerek - de Musikinstrumenten

állatkert
de Deertenpark

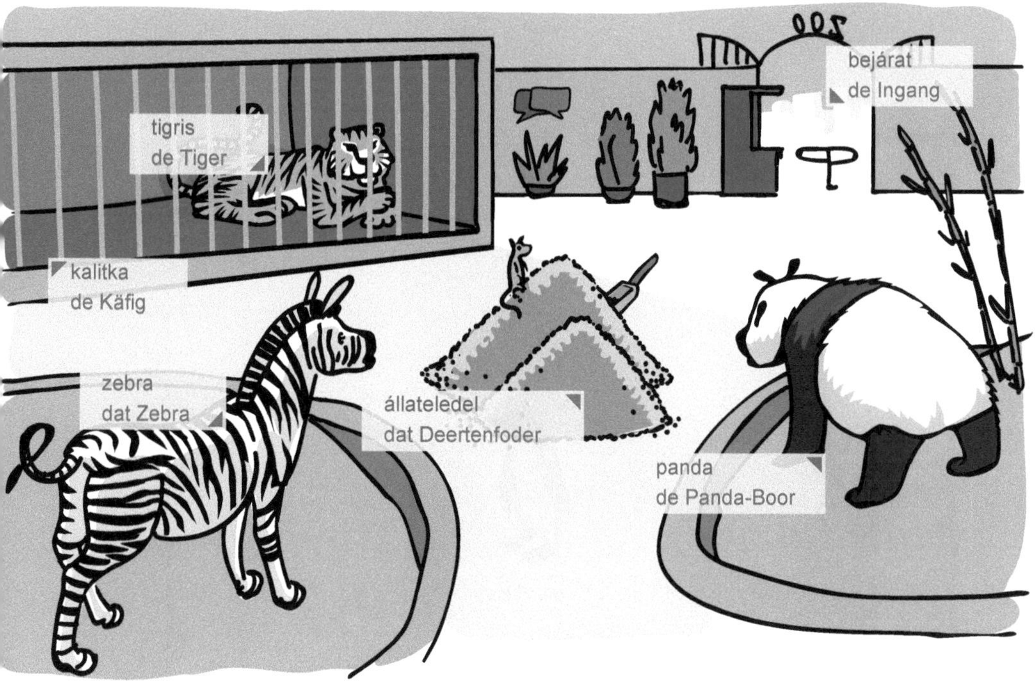
bejárat
de Ingang
tigris
de Tiger
kalitka
de Käfig
zebra
dat Zebra
állateledel
dat Deertenfoder
panda
de Panda-Boor

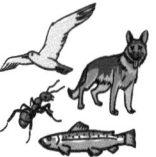

állatok

de Deerten

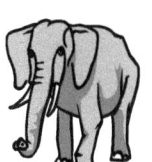

elefánt

de Elefant

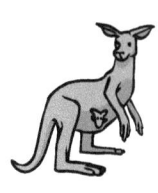

kenguru

dat Känguru

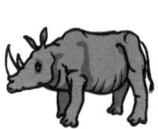

orrszarvú

dat Neeshoorn

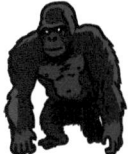

gorilla

de Gorilla

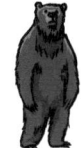

medve

de Boor

teve

dat Kameel

strucc

de Struuß

oroszlán

de Lööv

majom

de Aap

flamingó

de Flamingo

papagáj

de Papagoi

jegesmedve

de Iesboor

pingvin

de Pinguin

cápa

de Haifisch

páva

de Pageluun

kígyó

de Slang

krokodil

dat Krokodil

állatgondozó

de Oppasser in'n
Deertenpark

fóka

de Saalhund

jaguár

de Jaguor

póniló
dat Pony

leopárd
de Leopard

víziló
dat Nilpeerd

zsiráf
de Giraff

sas
de Aadler

vaddisznó
dat Wildswien

hal
de Fisch

teknős
de Schildkrööt

rozmár
dat Walross

róka
de Voss

gazella
de Gazell

amerikai futball
de Amerikaansch Football

kerékpározás
dat Radfohren

tenisz
dat Tennis

kosárlabda
de Korfball

úszás
dat Swümmen

boksz
dat Boxen

jégkorong
dat Ieshockey

futball
de Football

tollas
dat Fedderball

atlétika
de Leichtathletik

kézilabda
de Handball

síelés
dat Skilopen

lovaspóló
dat Polo

nevetni
lachen

ugrani
springen

ölelni
ümarmen

sétálni
gahn

énekelni
singen

álmodni
drömen

dicsérni
beden

csókolni
snuteln

írni	rajzolni	mutatni
schrieven	teken	wiesen

tolni	adni	vinni
drücken	geven	nehmen

birtokolni

hebben

csinálni

doon

lenni

sien

állni

stahn

futni

lopen

húzni

trecken

hajít

smieten

esni

fallen

hazudni

liggen

várni

töven

vinni

dregen

ülni

sitten

felvenni

antrecken

aludni

slapen

felébredni

opwaken

ránézni

ankieken

sírni

wenen

simogat

eien

fésülni

kämmen

beszélni

snacken

megérteni

verstahn

kérdezni

fragen

hallgatni

hören

inni

drinken

enni

eten

takarítani

oprümen

szeretni

leefhebben

főzni

kaken

vezetni

fohren

szállni

flegen

vitorlázni

segeln

számol

reken

olvasni

lesen

tanulni

lehren

dolgozni

arbeiden

házasodni

de Plünnen tohoopsmieten

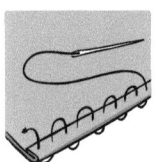

varrni

neihen

fogat mosni

Tähnen putzen

ölni

dootmaken

dohányozni

smöken

küldeni

schicken

család
de Familje

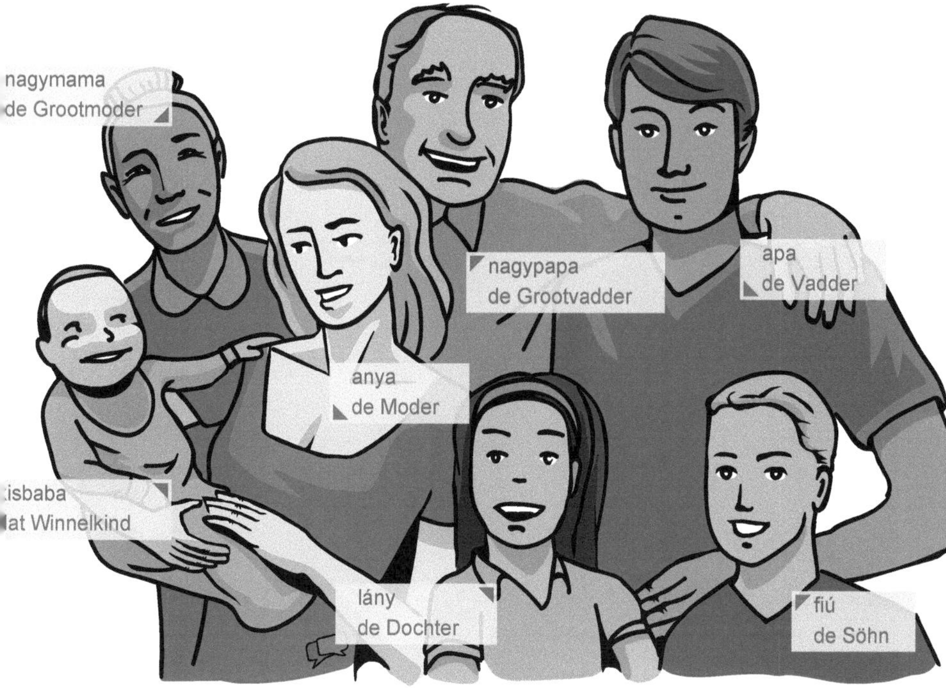
nagymama
de Grootmoder
nagypapa
de Grootvadder
apa
de Vadder
anya
de Moder
isbaba
at Winnelkind
lány
de Dochter
fiú
de Söhn

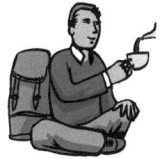

vendég

de Gast

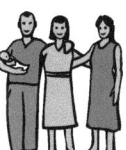

nagynéni

de Tant

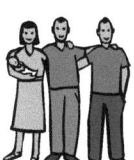

nagybácsi

de Unkel

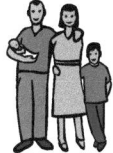

fiútestvér

de Broder

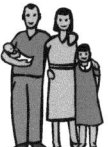

lánytestvér

de Süster

test
de Lief

homlok
de Vörkopp
szem
dat Oog
váll
de Schuller
ujj
de Finger
arc
dat Gesicht
áll
dat Kinn
kéz
de Hand
láb
dat Been
mell
de Bost
kar
de Arm

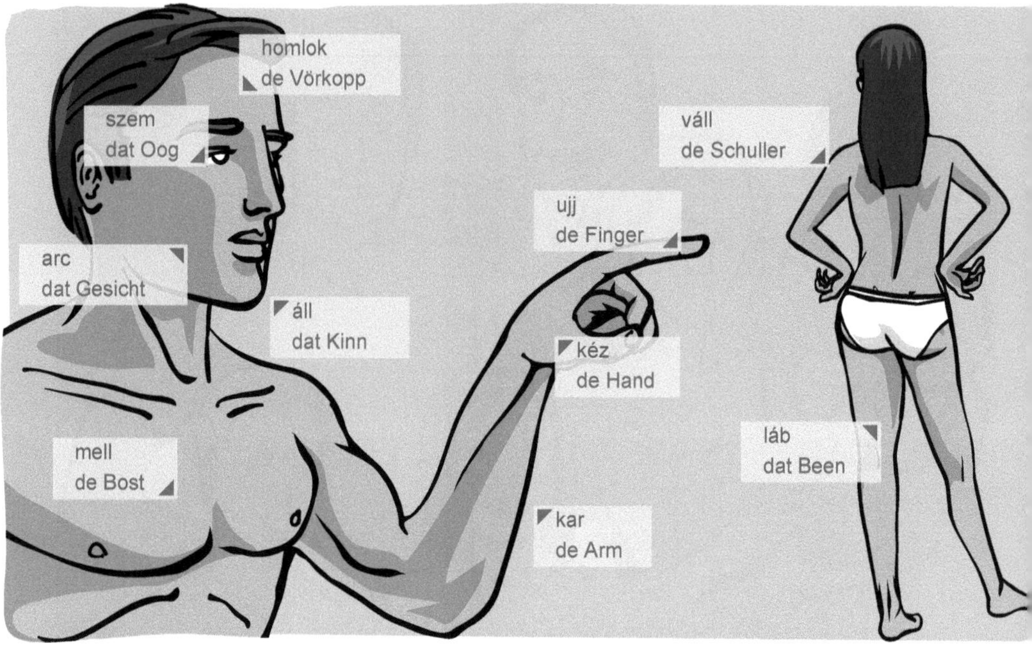

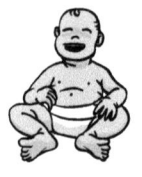

kisbaba

dat Winnelkind

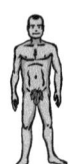

ember

de Mann

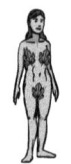

nő

de Fro

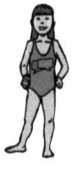

lány

de Deern

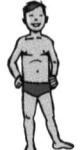

fiú

de Jung

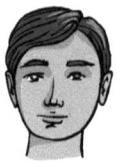

fej

de Arm

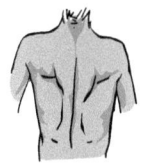

hát

de Rüch

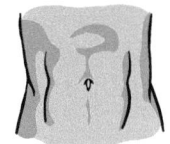

has

de Buuk

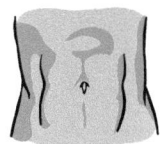

köldök

de Navel

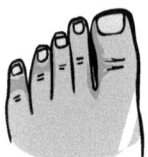

lábujj

de Teh

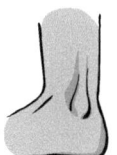

sarok

de Hack

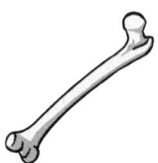

csont

de Knaken

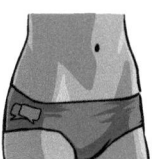

csípő

de Hüft

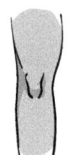

térd

dat Knee

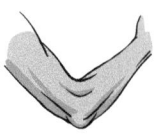

könyök

de Ellbagen

orr

de Nees

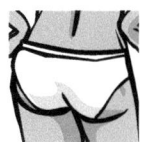

fenék

de Achtersen

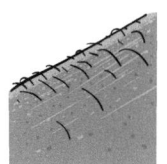

bőr

de Huut

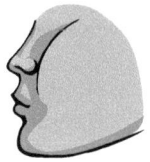

orca

de Back

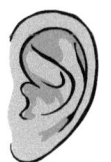

fül

dat Ohr

ajak

de Lipp

száj

de Mund

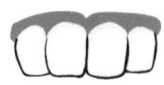

fog

de Tähn

nyelv

de Tung

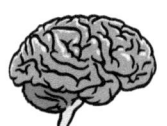

agy

de Bregen

szív

dat Hart

izom

de Muskel

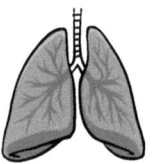

tüdő

de Lung

máj

de Lever

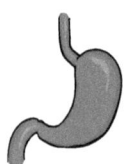

gyomor

de Maag

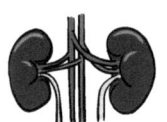

vese

de Neren

szex

de Bislaap

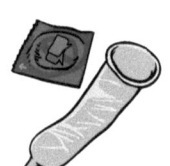

kondom

dat Kondoom

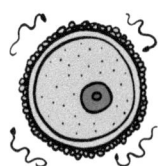

petesejt

de Eizell

sperma

dat Sperma

terhesség

de Anner Ümstänn

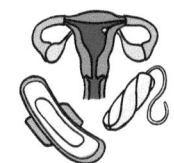

menstruáció

de Menstruatschoon

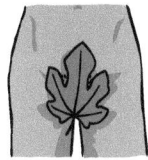

vagina

de Scheed

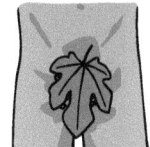

pénisz

de Pint

szemöldök

de Ogenbroe

haj

dat Hoor

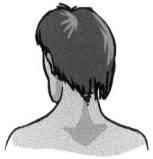

nyak

de Hals

kórház
dat Krankenhuus

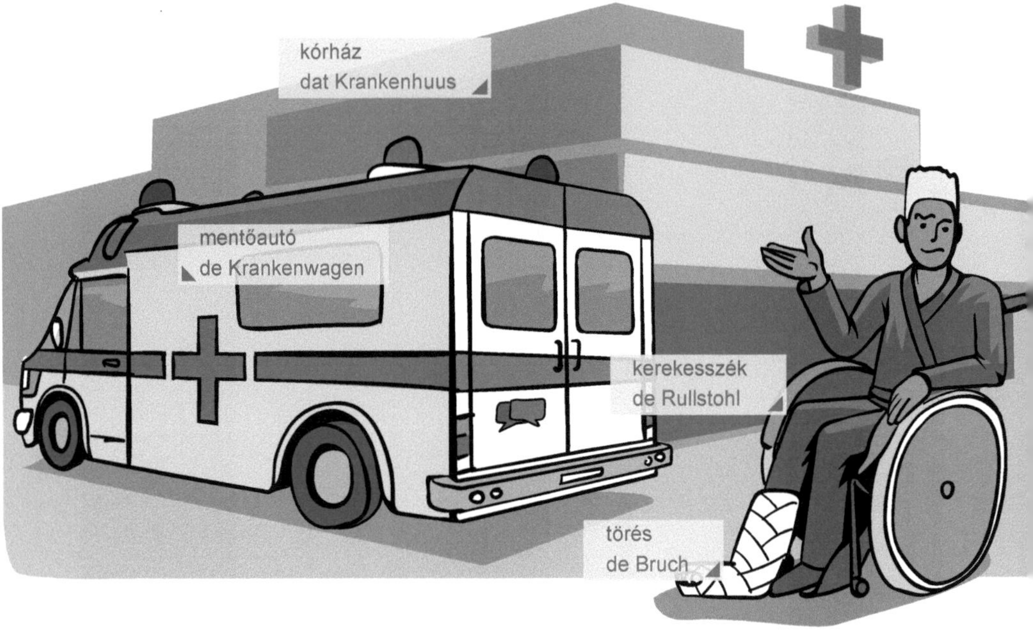

kórház
dat Krankenhuus
mentőautó
de Krankenwagen
kerekesszék
de Rullstohl
törés
de Bruch

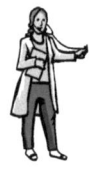

orvos

de Dokter

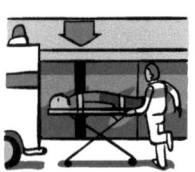

sürgősségi osztály

de Nootopnahm

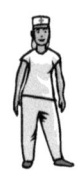

ápoló

de Krankensüster

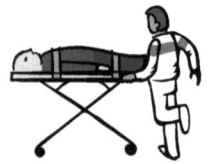

vészhelyzet

de Nootfall

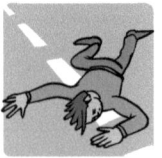

eszméletlen

ahnmächtig

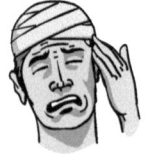

fájdalom

de Wehdaag

sérülés

de Verwunnen

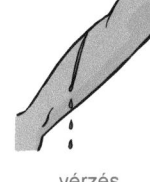

vérzés

de Blöden

szívroham

de Hartinfarkt

szélütés

de Slaganfall

allergia

de Allergie

köhögés

de Hoosten

láz

dat Fever

influenza

de Gripp

hasmenés

de Dörchfall

fejfájás

de Koppwehdaag

rák

de Kreeft

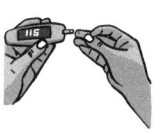

cukorbetegség

de Zuckersüük

sebész

de Chirurg

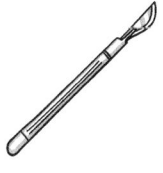

szike

dat Chirurgsch Mess

műtét

de Operatschoon

	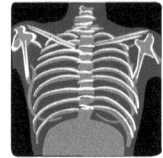	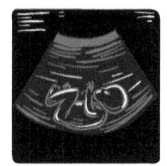
CT	röntgen	ultrahang
dat CT	de Dörchlüchten	de Ultraschall

arcmaszk	betegség	váróterem
de Mask	de Krankheit	de Töövruum
	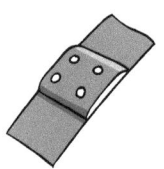	
mankó	sebtapasz	kötszer
de Krück	dat Plaaster	de Verband
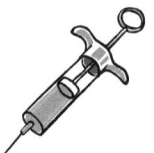	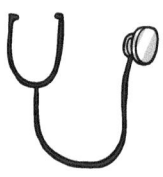	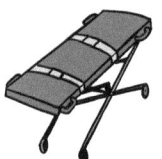
injekció	sztetoszkóp	hordágy
de Insprütten	dat Stethoskop	de Draag

klinikai hőmérő	születés	túlsúly
dat Feverthermometer	de Geboort	dat Övergewicht

hallókészülék
de Höörapparat

fertőtlenítőszer
dat Kiemfriemiddel

fertőzés
de Ansteken

vírus
de Virus

HIV/AIDS
dat HIV / AIDS

orvosság
dat Heelmiddel

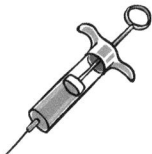

oltás
de Impen

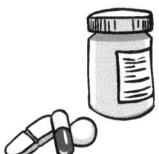

tabletták
de Tabletten

tabletta
de Pill

sürgősségi hívás
de Nootroop

vérnyomásmérő
de Blootdruck-Meter

betegség / egészség
krank / gesund

Segítség!

Hölp!

riasztás

de Alarm

rajtaütés

de Överfall

támadás

de Angreep

veszély

de Gefohr

vészkijárat

de Nootutgang

tűz!

dat Füer!

tűzoltókészülék

de Füerlöscher

baleset

de Unfall

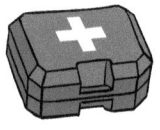

elsősegélycsomag

de Noothölpkoffer

SOS

SOS

rendőrség

de Polizei

Európa

Europa

Észak-Amerika

Noordamerika

Dél-Amerika

Süüdamerika

Afrika

Afrika

Ázsia

Asien

Ausztrália

Australien

Atlanti-óceán

de Atlantik

Csendes-óceán

de Pazifik

Indiai-óceán

dat Indisch Weltmeer

Déli-óceán

dat Antarktisch Weltmeer

Jeges-tenger

dat Arktisch Weltmeer

Északi-sark

de Noordpol

Déli-sark

de Süüdpol

Antarktisz

de Antarktis

föld

de Eerd

szárazföld

dat Land

tenger

de See

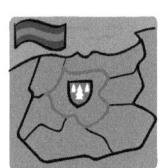

sziget

dat Eiland

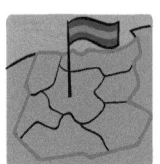

nemzet

de Natschoon

állam

de Staat

számlap

dat Tallenblatt

kismutató

de Stunnenwieser

nagymutató

de Minutenwieser

másodpercmutató

de Sekunnenwieser

Mennyi az idő?

Wo laat is dat?

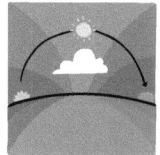

nap

de Dag

idő

de Tiet

most

nu

digitális óra

de digetaalsch Klock

perc

de Minuut

óra

de Stunn

hét

de Week

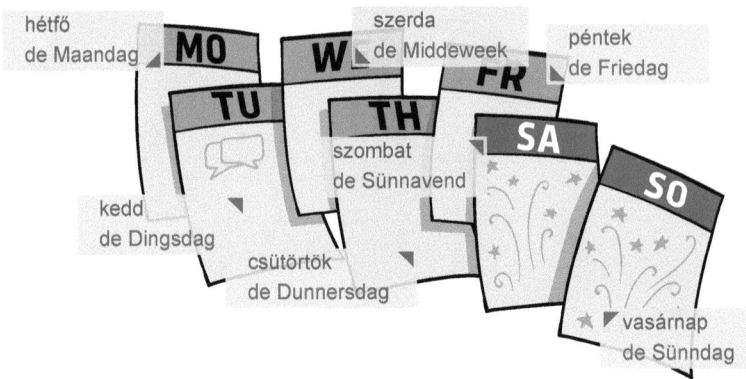

hétfő
de Maandag

szerda
de Middeweek

péntek
de Friedag

kedd
de Dingsdag

csütörtök
de Dunnersdag

szombat
de Sünnavend

vasárnap
de Sünndag

tegnap

güstern

ma

hüüt

holnap

morgen

reggel

de Morgen

dél

de Meddag

este

de Avend

MO	TU	WE	TH	FR	SA	SU
1	2	3	4	5	6	7
8	9	10	11	12	13	14
15	16	17	18	19	20	21
22	23	24	25	26	27	28
29	30	31	1	2	3	4

hétköznap

de Arbeitsdaag

MO	TU	WE	TH	FR	SA	SU
1	2	3	4	5	6	7
8	9	10	11	12	13	14
15	16	17	18	19	20	21
22	23	24	25	26	27	28
29	30	31	1	2	3	4

hétvége

dat Wekenenn

év

dat Johr

eső
de Regen
szivárvány
de Regenbagen
szél
de Wind
hó
de Snee
tavasz
dat Fröhjohr
nyár
de Sommer
ősz
de Harvst
tél
de Winter

4.APRIL 11°
5.APRIL 4°
6.APRIL 13°
7.APRIL 8°
8.APRIL 10°

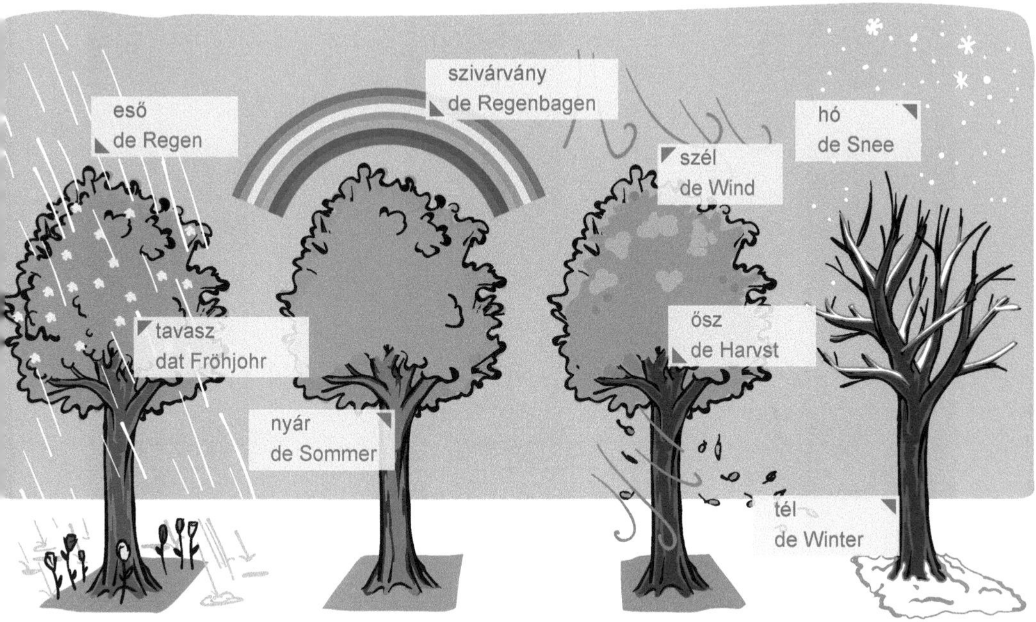

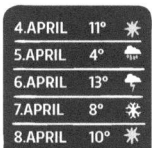

időjárás előrejelzés

de Wedervörhersaag

F C
120 40
90 30
60 20
30 10
0 0
-30 -10
-20

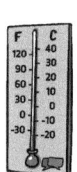

hőmérő

dat Thermometer

napsütés

de Sünnenschien

felhő

de Wulk

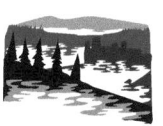

köd

de Nevel

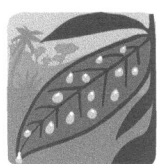

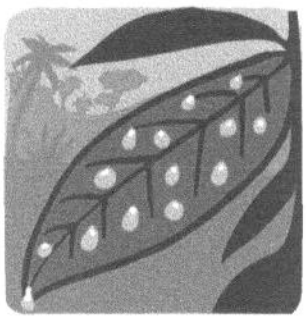

páratartalom

de Luftfuchtigkeit

villámlás

de Blitz

mennydörgés

de Dunner

vihar

de Storm

jégeső

de Hagel

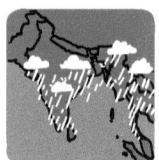

monszun

de Monsun

áradás

de Floot

jég

dat Ies

január

de Januormaand

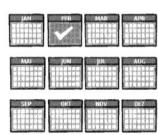

február

de Februormaand

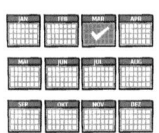

március

de Martmaand

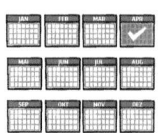

április

de Aprilmaand

május

de Maimaand

június

de Junimaand

július

de Julimaand

augusztus

de Augustmaand

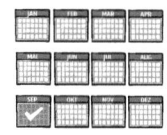

szeptember
de Septembermaand

október
de Oktobermaand

november
de Novembermaand

december
de Dezembermaand

alakzatok
de Formen

kör
de Krink

négyzet
dat Quadrat

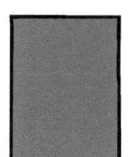

téglalap
dat Rechteck

háromszög
dat Dreeeck

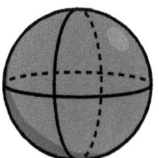

gömb
de Kugel

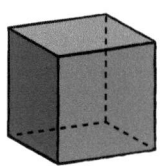

kocka
de Wörpel

fehér
....
witt

sárga
....
geel

narancs
....
orangsch

rózsaszín
....
pink

piros
....
root

lila
....
lila

kék
....
blau

zöld
....
gröön

barna
....
bruun

szürke
....
gries

fekete
....
swart

sok / kevés

veel / wenig

mérges / nyugodt

böös / verdreeglich

szép / csúnya

smuck / mies

kezdet / vég

de Begünn / dat Enn

nagy / kicsi

groot / lütt

világos / sötét

hell / düüster

fivér / nővér

de Broder / de Süster

tiszta / koszos

schier / schietig

teljes / nem teljes

kumpleet / nich kumpleet

nappal / éjszaka

de Dag / de Nacht

halott / élő

doot / lebennig

széles / keskeny

breet / small

ehető / nem ehető

geneetbor / nich geneetbor

gonosz / kedves

böös / fründlich

izgatott / unott

fickerig / langwielt

kövér / vékony

dick / dünn

első / utolsó

toeerst / toletzt

barát / ellenség

de Fründ / de Fiend

teli / üres

vull / leddig

kemény / puha

hart / week

nehéz / könnyű

swoor / licht

éhség / szomjúság

de Smacht / de Döst

betegség / egészség

krank / gesund

illegális / legális

nich na't Recht / na't Recht

intelligens / buta

klook / dummerhaftig

bal / jobb

linkerhand / rechterhand

közel / távol

neeg / feern

új / használt
....
nieg / bruukt

semmi / valami
....
nix / wat

idős / fiatal
....
oolt / jung

be / ki
....
an / ut

nyitva / zárva
....
apen / slaten

csendes / hangos
....
lies / luut

gazdag / szegény
....
riek / arm

helyes / helytelen
....
richtig / verkehrt

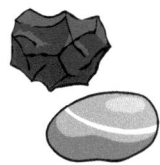

érdes / sima
....
ruug / glatt

szomorú / vidám
....
trurig / glücklich

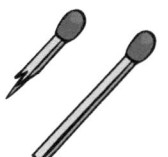

rövid / hosszú
....
kort / lang

lassú / gyors
....
suutje / flink

nedves / száraz
....
natt / dröög

meleg / hideg
....
warm / köhl

háború / béke
....
de Krieg / de Freden

0

nulla

null

1

egy

een

2

kettö

twee

3

három

dree

4

négy

veer

5

öt

fief

6

hat

söss

7

hét

söven

8

nyolc

acht

9

kilenc

negen

10

tíz

teihn

11

tizenegy

ölven

12

tizenkettő
twölf

13

tizenhárom
dörteihn

14

tizennégy
veerteihn

15

tizenöt
föffteihn

16

tizenhat
sössteihn

17

tizenhét
söventeihn

18

tizennyolc
achtteihn

19

tizenkilenc
negenteihn

20

húsz
twintig

100

száz
hunnert

1.000

ezer
dusend

1.000.000

millió
million

de Spraken

angol

dat Engelsch

amerikai angol

dat Amerikaansch Engelsch

mandarin kínai

dat Chineesch Mandarin

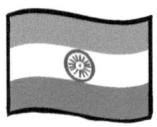

hindi

dat Hindi

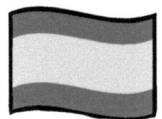

spanyol

dat Spaansch

francia

dat Franzöösch

arab

dat Araabsch

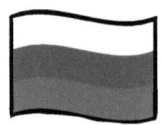

orosz

dat Rusch

portugál

dat Portugiesch

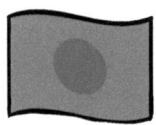

bengáli

dat Bengaalsch

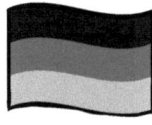

német

dat Düütsch

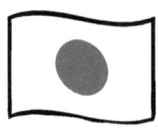

japán

dat Japaansch

én

ik

te

du

ö

he / se / dat

mi

wi

ti

ji

ök

se

ki?

keen?

mi?

wat?

hogyan?

woans?

hol?

woneem?

mikor?

wannehr?

név

de Naam

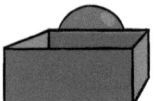

mögött
achter

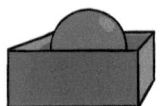

benne
in

elötte
vör

felette
över

rajta
op

alatta
ünner

mellett
blangen

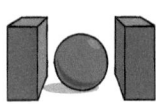

között
twüschen

hely
de Oort